AF468566

RENTES

DITES

CINQ POUR CENT

SUR L'ÉTAT.

REMBOURSEMENT, CONVERSIÓN, RETRANCHEMENT.

Observations

SUR

LE RAPPORT DE M. LACAVE-LAPLAGNE,

MEMBRE DE LA CHAMBRE DES DÉPUTÉS,

FAIT AU NOM DE LA COMMISSION CHARGÉE DE L'EXAMEN DE LA PROPOSITION DU REMBOURSEMENT OU DE LA CONVERSION DE LA RENTE DITE *CINQ POUR CENT*.

Séance du 14 Mars 1836.

Noli me tangere.

PARIS,

CHEZ DECOURCHANT, IMPRIMEUR,

RUE D'ERFURTH, N° 1;

ET A LA LIBRAIRIE DU COMMERCE,

CHEZ RENARD, RUE SAINTE-ANNE, N° 71.

1836

RENTES

DITES

CINQ POUR CENT

SUR L'ÉTAT.

Remboursement, Conversion, Retranchement.

Un gouvernement sage n'occasionnera jamais de son propre mouvement la plus légère perturbation dans aucune des classes de la société; or, la proposition du retranchement d'un cinquième sur les rentes *cinq pour cent* n'a-t-elle pas été pour deux cent mille familles un sujet de désolation, et pour un nombre plus ou moins grand, une cause de désespoir? cependant ce n'était encore qu'une menace. Des impressions aussi douloureuses méritent bien qu'on s'y arrête et que l'on s'assure de ce que l'on fait, avant de porter le coup fatal.

Il convient de dire, à la décharge du gouvernement, que non-seulement il n'est pas l'auteur de l'alarme ainsi jetée dans le public; que loin de là, et par un de ces jeux des factions qui se mêlent à tout, il a été victime de la franchise, de la prévoyance avec lesquelles il a cherché à la calmer. On ne peut l'attribuer qu'à une imprudence, à une surprise, puis à l'enthousiasme d'un zèle irréfléchi.

Je vais chercher d'abord à dissiper les principales illusions dont on a environné la mesure, afin de lui donner plus de faveur dans ce qu'on appelle l'opinion publique, et en même temps pour en préparer le succès. On devrait bien être convaincu d'avance qu'on n'aurait pas eu besoin de se donner tant de peine si elle était simplement juste, utile et bienfaisante.

On présente le retranchement de trente millions sur le revenu des rentiers cinq pour cent, comme une découverte, comme une invention merveilleuse, comme une rosée du ciel qui va féconder à l'instant toutes les branches du travail social, enrichir les contribuables, faire baisser l'intérêt de l'argent, soutenir les entreprises utiles, mettre les recettes du trésor au niveau des dépenses, etc. : tout cela est en effet prodigieux. Quelle peut être la cause d'une semblable fascination?

Il paraît toutefois qu'on se contenterait d'un retranchement de quinze millions; dans le premier cas, ce ne serait pas, pour une population de trente-trois millions, vingt sous par tête; dans le second cas, ce serait moins de quinze sous; dans l'un comme dans l'autre, le contribuable, qui n'en verra jamais un centime, n'en sera ni plus riche, ni plus heureux.

Tenons au contraire pour certain qu'on n'enrichit point un pays en détruisant subitement et du même coup trente millions de consommations et six cents millions de capitaux; car, retrancher trente millions de revenus, c'est anéantir trente millions de consommations, c'est créer pour trente millions de privations, de souffrances, et bien au delà, si vous suivez l'enchaînement de tous les rapports économiques, c'est-à-dire du consommateur au producteur. Ce serait donner lieu à une crise également nuisible à l'agriculture, à l'industrie, au commerce, loin de favoriser ces branches du travail social.

Lorsque j'ai cinq mille francs de rente, je puis, en engageant mon capital, mettre dans une entreprise cinquante, soixante mille francs ; mais si par une mesure mal entendue et violente on anéantit mes cinq mille francs de rente, il est évident que je n'ai plus ni revenu ni capital, et que, loin de soutenir les autres, j'aurai besoin d'être soutenu. Toute la théorie du retranchement des rentes, et de ses effets si préconisés, est comprise dans ce peu de mots.

On n'enrichira pas plus les contribuables avec un retranchement de dix ou quinze millions sur les rentes, qu'on ne le fit lorsqu'on diminua de quarante millions les droits sur les boissons : le trésor fut privé d'une ressource qu'on ne sait comment remplacer ; quant au contribuable, il ne reçut aucun soulagement ; et, chose étrange ! la mesure ne profita pas même aux cabaretiers : la raison en est toute simple, vous faites un don de quelques centimes, et ce don est négatif ; c'est comme si vous ne donniez rien. Les hommes sensés savaient d'avance ce qu'il en arriverait, comme ils savent ce qu'il en sera de la proposition sur les rentes ; mais écoute-t-on les gens sensés, quand on s'enthousiasme, surtout au nom du bien public ?

Dans les premiers moments de l'opération, bien loin de réaliser des profits, le trésor sera tenu à des sacrifices ; ce ne sera donc pas ainsi qu'il alignera et balancera ses recettes et ses dépenses. C'est une grande question que de savoir si, par suite de l'opération, la diminution qu'il éprouvera dans le produit de l'impôt sur les consommations, n'excédera pas les bénéfices qu'on veut lui assurer.

Il sera toujours bien démontré, à qui voudra prendre la peine d'y réfléchir, que la mesure ne produira aucun bien, qu'elle n'aura d'autre résultat que d'embarrasser singulièrement l'administration, que de jeter le trouble dans toutes les transactions, de porter atteinte au crédit, de paralyser la circulation, d'effrayer deux cents millions de consommations au détriment de tous les genres de production.

L'opération fût-elle juste, il serait encore ridicule de présenter les malheureux dix ou quinze millions comme une panacée qui va guérir tous les maux de la société; elle ne sera qu'un mal de plus.

On se fait un grand mérite et même une sorte de droit des faveurs dont on prétend qu'on a accablé les rentiers, à qui on reproche d'avoir imposé une loi dure au gouvernement dans des temps difficiles : leurs titres sont insaisissables; ils ne peuvent être frappés d'opposition, ni soumis aux hypothèques; ils sont exempts d'impôts, affranchis de toute retenue, etc. Ajoutez que les rentiers, surtout les gros rentiers, sont des oisifs qui inspirent peu d'intérêt, selon M. le rapporteur. Singulière observation! n'est-il pas juste de profiter vis-à-vis d'eux des avantages qu'offre au trésor une situation plus heureuse?

On peut répondre, non sans avantage :

L'emprunteur a reçu la loi non des prêteurs, mais de sa position qui faisait naître plus ou moins de défiance sur sa solvabilité.

Le rentier, en achetant au cours du jour, a d'autant mieux mérité du trésor et de l'État, que ce cours était plus bas; car ce cours prouvait qu'à ces époques il y avait peu de concurrence parmi les acheteurs et beaucoup de défiance dans le public. Y a-t-il un grand nombre de propriétaires fonciers qui alors eussent consenti à vendre leur bien pour en placer le prix sur l'État, quoique avec augmentation considérable dans leurs revenus? Y en a-t-il beaucoup même aujourd'hui qui feraient volontiers cet échange?

Toutes les exemptions dont on a fortifié la rente ont-elles été imaginées dans l'intérêt du prêteur ou dans celui de l'État? D'ailleurs, en les accordant, a-t-on subi d'autres conditions que celles imposées par les principes du crédit, quelles que soient les circonstances dans lesquelles on emprunte ? A-t-on jamais eu la malheureuse idée d'imposer les prêts sur hypothèque, et faut-il regarder comme une faveur accordée aux rentiers une tolérance qui est devenue la loi commune et qui n'a d'autre but que d'assurer au gouvernement un avantage dont jouissent tous les emprunteurs ?

Comment peut-on dire que les rentiers ne paient pas d'impôts? Ne sont-ce pas les moyennes et les petites fortunes qui ont fourni aux besoins de l'Etat et composé la masse des fonds de la rente dite cinq pour cent ? Or les moyennes et les petites fortunes dépensent chaque année leur revenu en consommations de toute espèce, ils paient par conséquent en taxe personnelle, en portes et fenêtres, en impôts indirects, une somme proportionnellement plus forte que les plus riches.

Les gros rentiers sont des oisifs qui méritent peu d'intérêt. Qui prouve que les gros rentiers sont des oisifs, et, dans ce cas, que fait leur oisiveté à la question ? Il faut laisser à l'anarchie ces misérables assertions.

Tous ont abusé des circonstances malheureuses; n'est-il pas juste que, dans une situation plus prospère, l'Etat s'indemnise des conditions rigoureuses que lui ont imposées les prêteurs? Ainsi, la mesure serait un profit et une vengeance.

Les rentiers pourraient récriminer avec une pleine raison ; ils seraient bien autrement fondés à dire aux propriétaires, aux industriels, aux commerçants, et par suite à tous ceux qui se croient en droit de s'emparer des titres de leur propriété pour les dénaturer et les mutiler, sous prétexte d'un remboursement qui n'est qu'une fiction et qu'en réalité on serait bien dans l'impossibilité d'effectuer : Qui vous a empêchés de venir au secours de la patrie et de confier à l'Etat au moins une partie de vos trésors ? Qui donc vous a rendu cette prospérité dont vous entendez vous prévaloir aujourd'hui contre les rentiers? Ne sont-ce pas les rentiers? Vous avez été conquis, vos propriétés étaient devenues la proie du vainqueur, vous vous trouviez dépouillés par le fait de la conquête; qui vous a réintégrés dans vos droits? les rentiers. Le vainqueur couvrait une partie du territoire français, circonstance bien douloureuse à rappeler, mais qu'il faut bien remettre sous les yeux de qui l'oublie; sa présence coûtait tous les jours des sommes incalculables; elle dévorait jusqu'au pain des plus malheureux; elle paralysait votre agriculture, votre industrie, votre commerce; elle était une source d'humiliations : qui vous a délivrés de ces vampires? les rentiers; qui vous a rendu votre nationalité et tous les droits qui en découlent? les rentiers. A l'aspect de la masse énorme d'argent exigée pour votre libération, on a cru la France ruinée à jamais; on disait hautement qu'elle ne s'en relèverait pas. Eh bien! en moins de deux ans, votre agriculture, votre industrie, votre commerce ont offert le spectacle d'une prospérité jusque-là sans exemple; qui vous a valu ces prodiges inespérés? sans contredit les rentiers et le crédit qu'ils ont rétabli par leur confiance dans les ressources de l'Etat. Ce ne sont point là des déclamations, ce sont des faits. Allez au fond des choses, et vous trouverez ces vérités démontrées jusqu'à l'évidence. Aujourd'hui que vous en jouissez pleinement, vous êtes impatients de tourner contre les rentiers les résultats si féconds de leur confiance dans la loyauté et la puissance de la France; vous montrez leur spoliation comme une pluie d'or qui va combler le trésor et porter partout l'abondance; vous les jugez dignes à peine de quelques sentiments de commisération; vous regardez comme un effet de votre munificence et de votre générosité, ce que vous voulez bien ne pas leur enlever. C'est ainsi qu'on joindra tout à la fois l'ingratitude à l'injustice et à la violence :

remarquez bien qu'il n'y a dans toute cette spéculation qu'une véritable cause de ruine commune.

On n'attaque pas seulement les rentiers, on s'en prend encore au système des emprunts, aux fonds publics, particulièrement à la rente dite *cinq pour cent*, que l'on signale comme une calamité publique, comme une charge intolérable, comme un vol fait aux générations futures.

Est-ce avoir là une juste idée de ce qu'on appelle emprunts, fonds publics, rentes sur l'Etat, crédit public ?

Des emprunts ! n'en fait pas qui veut. Dans nos temps modernes le crédit public sera toujours la mesure de la prospérité et de la puissance d'un gouvernement, parce qu'il donnera la mesure de sa sagesse et de son habileté.

On ne dépouille pas les races futures quand on emprunte pour leur conserver une France et assurer son indépendance.

La rente un fardeau intolérable ! La rente constitue un capital dans l'Etat, une richesse publique ; elle est une valeur d'une nature tout à fait à part et qui lui est exclusivement propre ; dégagée de toute entrave, elle offre à la fois un titre de propriété, un effet de circulation, et en quelque sorte une pièce de monnaie, tant cette valeur est ductile, malléable, tant elle se prête à tous les genres de besoins et d'opérations.

La rente dite cinq pour cent appelle tous les jours dans la circulation une quantité de petits capitaux qui, sans la facilité de ces placements, resteraient oisifs dans la poche de leurs possesseurs, à leur détriment et à celui de la chose publique.

Ces fonds, toujours disponibles, se vendent et se rachètent selon la mobilité des affaires et des positions ; ils sont un gage toujours assuré, soit pour prêter, soit pour emprunter, soit pour obtenir des délais de paiement ou des crédits en banque ; il n'existe pas d'aussi puissant élément de circulation. C'est au point que, dans l'économie sociale, rien ne saurait les remplacer ; l'on peut dire, sans exagération, qu'ils rendent à l'Etat dix fois plus de service qu'ils ne lui coûtent. Et c'est dans des rapports de cette importance que l'on propose de porter le trouble avec autant de légèreté !

J'ai cru devoir, avant tout, dégager les esprits de ces préoccupations qui les étourdissent et ne leur permettent pas d'arriver jusqu'à la véritable question ; j'ai en même temps cherché à donner une idée plus juste d'un sujet du plus haut intérêt, qui paraît bien peu compris par ceux qui en parlent avec le plus d'assurance.

Passons maintenant à l'examen des points principaux du discours de l'auteur de la proposition du remboursement, et du rapport fait au nom de la commission chargée de son examen.

Ces honorables députés nous assurent que leur conviction est profonde, qu'ils n'ont eu en vue que la justice, l'intérêt public, celui des contribuables, et que la plus rigoureuse impartialité a présidé à leurs délibérations. Je crois qu'ils sont de bonne foi. Cependant il faut convenir que tous leurs efforts sont dirigés contre les rentiers ; que la part qu'ils font l'un et l'autre aux objections dont ceux-ci peuvent se prévaloir, est bien faible. Au fond, ces objections, dans leur bouche, se réduisent à une seule. Quant à la place qu'occupe la rente cinq pour cent dans notre système économique et administratif, ils ne s'en sont nullement occupés. C'est pourtant là que se trouvent aussi de hautes questions d'intérêt public, dont la solution ne peut pas être négligée en semblable matière.

Selon l'honorable rapporteur, « le droit de remboursement de la rente dite cinq pour cent a été *reconnu* comme incontestable ; il est fondé sur la justice ; les circonstances justifient l'opportunité de l'exercice de ce droit, réclamé d'ailleurs par l'opinion générale. »

D'abord, quant à l'opinion générale, elle n'a rien à voir dans l'exécution des contrats, surtout lorsque l'opinion la plus générale est, à le bien prendre, *partie* dans l'affaire, et que de plus elle n'est qu'une suggestion, comme tant d'autres opinions générales. Ces messieurs ne pouvaient pas invoquer une plus mauvaise autorité. Je mets donc l'opinion générale tout à fait de côté pour n'y plus revenir.

Malgré ce droit de remboursement que l'on dit incontestable, et malgré son évidence, M. le rapporteur ne s'en donne pas moins beaucoup de peine pour l'établir; ce qui annoncerait déjà que, si sa conviction est entière, il craint qu'elle ne soit pas assez généralement partagée.

Il commence par des rapprochements sans analogie avec ce qui s'est passé sous les ministères de Sully et de Colbert; le rapprochement serait plus exact s'il eût rappelé les opérations de l'abbé Terray qui, en fait de retranchements sur les rentes, a laissé une réputation notable, des mots heureux et un nom qui ne périt pas. Il cite avec plus de bonheur les définitions du dictionnaire de l'Académie française, les opinions de Pothier et de Denizart, les dispositions du Code civil, etc. : d'où il résulte évidemment qu'en thèse générale un gouvernement a, comme tout débiteur, le droit de rembourser ses créanciers; que *dette perpétuelle* et *remboursement* ne sont nullement inconciliables, et que *dette consolidée* ne veut pas dire *dette indestructible*.

Ces propositions, prises dans leur généralité, ne peuvent pas être contestées.

Je ne sais pas quels sont les maladroits qui ont pu soutenir qu'en thèse générale, et abstraction faite de toutes circonstances, un gouvernement n'avait pas le droit de payer ses dettes; que *dette perpétuelle* s'entend autrement que par opposition à *dette viagère*, et que *dette consolidée* signifie autre chose qu'un fonds spécial affecté au paiement des arrérages.

Ainsi, sous ce point de vue le plus général, me voilà parfaitement d'accord avec l'honorable rapporteur; mais là n'est pas la question.

Toutefois, ces autorités ne lui suffisent pas; son esprit paraît encore tourmenté; il lui faut quelque chose de plus pour le tranquilliser. Il cherche une solution plus décisive, spécialement appropriée à la chose, et il croit la trouver dans la mention que font plusieurs lois du capital nominal de la rente.

A quoi servirait, dit-il, la fixation du capital de la rente, si ce n'était en vue du remboursement? Aussi l'inscription porte en tête *cinq pour cent*. En conséquence, il invoque à l'appui de son opinion la loi du 21 floréal, qui fixe le capital nominal de la rente à cent francs pour cinq francs, une autre loi qui a liquidé toutes les créances de l'époque à cinq pour cent, etc.

« Cambon, à la vérité, dit-il, lors de la première émission des inscriptions de la rente, ne fit aucune énonciation du capital (j'en donnerai tout à l'heure la véritable raison); mais cette omission a été réparée par la loi du 21 floréal an 10. »

Aucune de ces lois, quoi qu'en dise M. le rapporteur, ne fixe un capital dans la vue d'un remboursement auquel personne ne pensait; mais, soit qu'on emprunte, soit qu'on liquide d'anciennes créances, il faut bien déterminer un taux commun de l'opération dont il s'agit, et c'est précisément pour cette raison qu'on trouve dans ces lois diverses la mention d'un capital nominal.

Dans cette mention même, la loi du 21 floréal avait un but bien autrement déterminé, ainsi qu'il résulte de la ticle Ier : « La dette publique constituée portera à l'avenir le nom de *cinq pour cent consolidés.* »

Le but évident de cette disposition était de faire tomber la dénomination de *tiers consolidé* en usage depuis la loi du 9 vendémiaire an 7, dénomination qui rappelait une opération désastreuse, par conséquent un souvenir fâcheux. Loin que cette loi se proposât un remboursement, comme on l'entend aujourd'hui, elle affectait une portion désignée des contributions publiques à l'amortissement du capital; et qu'est-ce que l'amortissement pour un débiteur, si ce n'est un remboursement?

Nous verrons tout à l'heure si la loi du 1er mai 1824 prête un appui plus solide au système du rapport.

De tout ce qu'a dit M. le rapporteur, il résulte que le droit de remboursement, comme il l'entend, n'est qu'indirectement dans la loi : et, en effet, il ne l'établit que par induction ; mais a-t-on jamais disposé d'une propriété sur une simple induction, et autrement qu'en vertu des lois?

Or, la rente sur l'Etat est une propriété aussi sacrée que les propriétés de toute nature, que la propriété foncière. Aucune puissance n'a droit d'agir sur cette propriété que d'après les termes clairs, précis, explicites de sa création. Tout droit supposé ou tiré d'une induction serait une violence, un abus du fort contre le faible ; il serait en opposition avec dix déclarations solennelles, dont la première date de 1790, qui portent que la rente, dans aucun cas ni sous *aucun prétexte*, ne pourra être frappée de *réduction* ni d'impôt.

Résulte-t-il de ces déclarations que la rente ne puisse être remboursée? Non, certes! Mais comment le sera-t-elle? Il est vraiment étrange qu'on en soit encore à faire une semblable question, lorsque vingt lois ont prononcé que la rente serait rachetée sur la place, au cours de chaque jour;

que la loi de finance consacre chaque année un fonds spécial à ces rachats, et qu'un établissement a été formé tout exprès pour ce genre d'opération.

On ne contestera sûrement pas que le rachat de la rente par le gouvernement ne soit un véritable remboursement, et, qui plus est, un remboursement tout naturel, parfaitement approprié à cette valeur déclarée commerçable et qui n'a point d'échéance, puisqu'il est le résultat de la volonté du vendeur ou propriétaire, comme de celle de l'acheteur ou débiteur. C'est un remboursement d'autant mieux conçu, qu'il ne dérange rien dans l'ordre économique, et que des millions sont déplacés chaque jour, sans exciter la plus légère perturbation... L'un vend parce qu'il a besoin de vendre, ou seulement parce qu'il veut vendre; l'autre achète parce qu'il lui convient d'acheter, et parce qu'il a de l'argent pour payer.

Or, le gouvernement, pénétré des véritables principes du crédit public, a adopté ce mode de remboursement, qui consiste dans le rachat de la rente au cours variable de chaque jour, des valeurs qu'il a créées au profit de ses créanciers. Pour l'exécution de ce mode, il a ouvert un marché à ses valeurs, il a créé des officiers publics pour opérer ces sortes de négociations; il a établi une caisse d'amortissement, comme je l'ai déjà rappelé, chargée d'effectuer les rachats. La législature fait chaque année les fonds qui sont consacrés à cet emploi, et, pour que la confiance publique soit entière, elle y affecte des contributions dont les produits sont les plus abondants et les plus certains.

M. le rapporteur prétend que ce n'est pas sérieusement qu'on prétend argumenter contre le remboursement de la création de l'amortissement, uniquement imaginé dans l'intérêt des rentiers. Sans doute l'amortissement intéresse les rentiers, puisqu'il est une des conditions, et peut-être la plus essentielle, de leur contrat; mais, au fond, il n'a été adopté que dans l'intérêt public; il a été fondé pour soutenir le crédit de l'État, pour diminuer ses charges, afin de préparer par une sage prévoyance des ressources pour l'avenir, dans des cas extraordinaires et imprévus. C'est donc très sérieusement qu'on argumente pour les rentiers, mais surtout dans l'intérêt du trésor, du crédit et de l'avenir, d'un fait irrécusable, d'une condition qui doit être d'autant plus sacrée qu'elle constitue la rente et les droits des rentiers, ainsi que les obligations les plus irréfragables du gouvernement.

Aussi là est la question, la véritable question, cette question que n'a pas démêlée M. le rapporteur, et qui a constamment tenu son esprit dans une grande anxiété;

Savoir : si, lorsqu'un gouvernement a adopté et constamment suivi un système de remboursement de ses rentes, il peut, de son chef, et lorsque la loi de création ne lui en a pas expressément réservé la faculté, en lui traçant des moyens d'exécution, en proposer un second, dans un système diamétralement opposé, qui a pour objet apparent de soulager le trésor, et pour effet réel de dépouiller le créancier, sous le rapport tout à la fois de son capital et de son revenu; qui jette de tous côtés et dans toutes les affaires la perturbation et la confusion; qui substitue à une opération régulière et légale un remboursement par masse, qui n'est ni un véritable remboursement, ni le véritable prix de la chose?

Au fait, en quoi consiste votre opération? A vous emparer des titres de vos créanciers, et à les leur rendre mutilés, avec un bénéfice supposé pour le trésor. Je dis bénéfice supposé, car, qu'un particulier en dépouille un autre, ce peut être pour lui un profit; mais le capital de la rente est une richesse publique. Or, une nation qui altère ses propres valeurs et appauvrit ses membres en plus ou moins grand nombre, loin de s'enrichir, s'appauvrit aussi elle-même. Voilà ce qu'il faudrait répéter à chaque mot que l'on dit sur une pareille matière.

Ce mode, adopté par la loi, doit être d'autant plus sacré pour le gouvernement, que lui-même a agi en conséquence, et qu'il n'a cessé de racheter ses propres valeurs au cours de chaque jour : autre fait qui, dans la question, est de la plus haute importance.

Le gouvernement prétend rembourser sur le pied de cinq pour cent, ou de cent pour cinq, attendu que tel est le capital nominal porté au titre de la rente; il y a là encore une question capitale identiquement liée à la première, et qui se résout par le fait seul de son énonciation.

Les rentes sont déclarées commerçables; on leur a même, comme je l'ai déjà dit, ouvert un marché. Mais peut-il y avoir compatibilité entre une valeur négociable sans échéance déterminée et un capital fixe nominal? Le capital réel, légitime, légal, n'est-il pas, dans ce cas, celui que donne le cours à l'instant même de la négociation? Autrement, les achats faits par le gouvernement ne seraient-ils pas le plus grand des scandales?

Avant d'aller plus loin, je dois faire observer que l'opération en elle-même, et abstraction faite de toute autre considération, repose sur une base entièrement fausse. On prend pour prétexte la baisse de l'intérêt de l'argent, et l'on dit : l'intérêt est au-dessous de cinq pour cent, le gouvernement est dupe en donnant cet intérêt. Il convient alors de rembourser au *pair* le rentier qui ne consentirait pas à la réduction du cinquième ou du dixième de son revenu. C'est un gouvernement qui a fait lui-même la loi, qui lui-même fait des achats chaque jour sur la place, qu'on veut faire parler ainsi. Mais la rente marchande et négociable suit le cours de toutes les valeurs; montée à cent huit, cent dix pour cinq francs, elle n'est plus qu'à quatre et demi, puisque chaque cinq francs produit cent dix francs. Le capital de la rente, sa valeur vénale, appartient au rentier, comme le prix d'une ferme appartient à son propriétaire. La différence de cent à cent dix appartient bien légitimement au propriétaire de la rente; et le gouvernement, qui a racheté jusque-là au-dessous de ce qu'il appelle le pair, et qui a gagné sur les différences en moins, viendrait aujourd'hui s'emparer encore de l'excédant de ce pair; il prendrait en bénéfice la baisse qui a lieu au détriment du rentier ; il s'emparerait du bénéfice quand le rentier gagne par la hausse que reçoit son capital! On ne peut pas abuser plus complétement de la force.

Et remarquez que le capital de la rente serait plus élevé aujourd'hui, si une proposition imprudente et inique n'était venue effrayer ce genre de propriété. Sans cet incident, la rente serait à cent vingt francs, et alors le rentier n'aurait que quatre pour cent de son argent.

Qu'on l'entende comme on voudra, ni Sully, ni Colbert, ni Pothier, ni Denizart, ni l'Académie française, ni même le Code civil, n'ont prévu de semblables complications ; complications qui n'ont lieu que parce qu'on intervertit toutes les idées, et qu'on méconnaît les faits comme les principes; car rien n'est plus simple que ces questions considérées dans leur réalité. Revenons maintenant à nos deux points principaux.

M. le rapporteur veut faire concourir l'amortissement et le remboursement direct. Selon lui, le premier de ces modes n'aurait été imaginé que pour préparer le second. Cette prétention jette sur la matière une confusion qui en fait un véritable chaos, et cela parce que les deux modes s'excluent réciproquement et sont incompatibles, puisque l'un suppose une mobilité perpétuelle, et l'autre une fixité qui doit être inaltérable.

Il faut toujours se rappeler que les fonds publics, par l'effet du crédit, constituent une richesse réelle comme les fonds de terre. Résultat d'une accumulation de capitaux représentant des services rendus à la société, soit par des améliorations, soit en l'aidant à supporter des charges qui l'auraient accablée sans ce secours, ces fonds ont pris rang dans l'ordre économique, et forment ce qu'on peut appeler un état de choses; de manière que si un gouvernement avait, d'un côté, quatre milliards de dette, et de l'autre, quatre milliards en or, ce qui ferait huit milliards, et qu'avec ces quatre milliards en or il remboursât sa dette de quatre milliards, il ferait la plus fausse des opérations, car il réduirait sa richesse de quatre milliards, et occasionnerait dans tous les rapports de la société et dans toutes les existences une immense perturbation.

Le remboursement subit d'un cinquième produirait proportionnellement les mêmes résultats; aussi n'est-ce pas un remboursement de cette espèce que l'on propose. Ce mot remboursement n'est qu'une menace; le but véritable est un retranchement. Au fait, M. le rapporteur dit, avec une naïveté remarquable, qu'il faut bien prendre garde de *déclasser les rentes*, ce qui veut dire qu'il est essentiel que la rente ne change pas de main; autrement, qu'il faut rembourser le moins possible, ou même ne pas rembourser du tout, attendu qu'il ne s'agit que de forcer les rentiers à renoncer au cinquième ou au dixième de leur revenu, ainsi qu'à leur capital dans la même proportion. Et cela s'appelle un remboursement! De bonne foi, convient-il au gouvernement d'une grande nation de jouer ainsi sur les mots, et d'appeler remboursement ce qui n'est qu'un retranchement forcé? Je pourrais me servir d'une expression plus exacte.

Enlever au créancier un cinquième ou un dixième de son revenu, lui faire perdre au même moment et du même coup dix pour cent sur son capital, et l'augmentation dont, par la puissance d'un crédit toujours croissant, ce capital est susceptible ; il y a là une violence que rien n'autorise et qu'aucune circonstance ne justifie. Il en résulte évidemment que l'amortissement n'a point été créé pour préparer un remboursement, encore bien moins pour préparer un retranchement ; disons le mot, une banqueroute ! Encore une fois, le remboursement ne peut concourir avec l'amortissement qui n'est en lui-même qu'un mode de remboursement sagement approprié : il n'en est ni la suite, ni le développement, ni le complément ; autant l'un est conçu dans un esprit de justice et de prévoyance, autant l'autre entraîne après lui de trouble, de perturbation et d'iniquité.

Pour bien apprécier une mesure, il faut la considérer dans ses conséquences. C'est en procédant ainsi que la prétendue conversion sera jugée pour ce qu'elle est.

Voilà le retranchement opéré, le gouvernement a assigné un nouveau pair aux inscriptions nouvelles ; leur cours est au-dessous de ce pair. Le gouvernement, sans s'embarrasser du qu'en dira-t-on, les fait racheter tant qu'il peut. Bientôt la rente arrive au pair ; elle le dépasse : alors le gouvernement, qui rachetait ses valeurs propres au-dessous du pair, se retourne vis-à-vis de ses créanciers, et leur dit de nouveau : Voilà l'intérêt de l'argent qui est encore baissé ; je vous déclare que je rembourse, c'est-à-dire que je retranche ; ainsi de suite, jusqu'à ce qu'il ne reste plus rien.

Les choses arrivées à ce dernier terme, le raisonnement serait aussi juste qu'il l'est aujourd'hui, ou il est aussi mauvais aujourd'hui qu'il le serait alors. Car si un gouvernement, sous un prétexte quelconque, a le droit d'annuler une partie de sa dette, sous les mêmes prétextes il aura le droit d'annuler le tout.

M. le rapporteur fonde tout son système sur les mots *cinq pour cent* portés en tête de l'inscription, ce qui ne désigne pas même un capital nominal ; mais il y a encore ici une incompatibilité, et les faits détruisent l'assertion ou le principe,

Il est évident que valeur négociable et capital nominal sont deux choses incompatibles, surtout quand le débiteur ou le créateur de ces valeurs se rend lui-même chaque jour sur la place pour les racheter. Comment en effet concilier la fixité d'un capital nominal avec une valeur dont le cours est aussi mobile, et que la loi a dégagé de toute entrave précisément dans cette vue ? Car tel est l'esprit de la loi du 28 floréal an 7 sur le transfert des inscriptions de rente au grand livre de la dette publique, loi motivée comme il suit, loi qui a donné à ces valeurs un caractère unique et qui leur est exclusivement propre : « Considérant qu'il importe au crédit de l'État de faciliter » les transferts des inscriptions au grand livre de la dette » publique, en les dégageant de toutes les formalités qui » tendent à déprécier cette propriété, et considérant qu'il » est urgent d'adopter ce qui est commandé par l'intérêt » public, etc. »

Le mot *propriété* n'est pas employé ici sans intention ; de plus, je remarque que la loi ne dit pas qu'elle facilite la transmission des titres pour plaire aux créanciers, mais pour *maintenir* le crédit public et dans l'*intérêt général*.

Qu'on cherche donc s'il est possible qu'un effet soit négociable en même temps qu'on en limiterait la valeur. Encore si le gouvernement avait dit clairement : « Négociez, transférez tant qu'il vous plaira, moi je reste étranger à ces variations, et ne comptez de ma part qu'au paiement rigoureux du capital porté au titre ; » à la bonne heure ! Mais dire qu'un effet aux accidents duquel on participe, accidents sur lesquels le gouvernement, par ses opérations de tous les jours, exerce la plus grande influence, est rachetable par lui au-dessous du pair, et irrachetable quand il est au-dessus, c'est vouloir concilier des choses inconciliables; voilà comment il se fait que la discussion de M. le rapporteur présente des choses aussi contradictoires et aussi embarrassées.

Evidemment, le gouvernement, en donnant à la rente dite cinq pour cent le caractère d'un effet négociable, en autorisant que son prix fût coté chaque jour à la Bourse, en rachetant lui-même à un cours variable l'inscription; le gouvernement, dis-je, ou la loi, a par le fait effacé les mots *capital nominal, cinq pour cent*, etc. Encore une fois, des faits patents, des faits irrécusables dominent ici toute la question, et la décident d'une manière qui ne permet aucune fausse interprétation. Le gouvernement n'a pu racheter en conscience au cours de chaque jour, que parce que le pair est ce que vaut la rente au moment du rachat. C'est une conséquence nécessaire, rigoureuse du caractère que ses propres actes et la loi ont donné à la rente [illegible]

Il y a donc au fond de la question deux incompatibilités qui ne permettent pas même de délibérer sur la proposition de la conversion ou du remboursement : incompatibilité du remboursement par masse, avec le remboursement par voie de rachat ou d'amortissement; incompatibilité d'une valeur vénale et variable selon le cours de chaque jour, avec un capital nominal fixe. Ce n'est qu'en violant les contrats et en méconnaissant et les lois et les droits qui naissent de la nature des choses, qu'on peut passer d'un système à l'autre.

L'honorable rapporteur, toujours poursuivi par l'incohérence de ses idées, peut-être par un sentiment pénible dont il ne se rend pas compte, car enfin il ne peut se dissimuler qu'il propose de dépouiller les rentiers d'une portion de leur bien, revenu et capital; dans cette perplexité, et touché comme malgré lui d'une sorte de commisération pour les victimes qu'il va faire, il demande si les rentiers n'ont pas pu s'y tromper; s'ils n'ont pas le droit de prétendre cause d'ignorance, etc.; mais il se rassure aussitôt, et il décide qu'aucune méprise à cet égard n'a pu leur faire illusion, attendu que le titre même porte en tête *cinq pour cent*, ce qui veut dire *cent pour cinq*; que la loi de 1824, et spécialement la loi du 1er mai 1825, ont explicitement consacré le droit de remboursement, *si elles ne l'ont pas déclaré*.

Ainsi c'était aux rentiers à pénétrer l'esprit de ces lois, à les commenter, à prévoir les inductions que M. le rapporteur pourrait en tirer un jour contre eux.

Les rentiers ont dû d'autant plus aisément s'y tromper, en admettant qu'ils s'y soient trompés, que rien d'officiel, rien de légal n'a été proclamé à ce sujet; au contraire, tout était fait pour les entretenir dans leur prétendue *méprise*.

M. de Villèle propose un projet de remboursement ou de conversion; le projet est rejeté. Voilà qui est clair pour tous; et naturellement tous ont dit: « Puisqu'il est rejeté, c'est qu'on n'était pas fondé à le présenter. » Telle est l'induction qui sortait nécessairement de cette circonstance, et cette induction avait d'autant plus de force, que le ministre qui avait conçu l'opération paraissait plus puissant, et qu'on lui avait fait une plus grande réputation d'habileté. Comment croire, d'après ce rejet, qu'un projet tout pareil serait reproduit, surtout dans un temps où l'on frappe de réprobation tout ce qui appartient, ou seulement a l'air d'appartenir à l'époque de sa première émission?

L'art. 3 de la loi du 1er mai 1825 dit, à la vérité, que la caisse d'amortissement cessera d'agir sur une rente qui aura atteint *son pair*. M. le rapporteur, comme je viens de le dire, trouve cette disposition bien plus explicite que les dispositions antérieures, parce qu'elle n'exprime pas seulement le droit de remboursement, mais encore parce qu'elle annonce la volonté formelle de rembourser.

C'est toujours là une induction ; et pour préparer une opération aussi violente, il aurait, certes, fallu, en la supposant légitime, ce qui n'est pas, bien d'autres dispositions et d'autres avertissements; car jamais les masses ne songeront à tirer d'une loi des inductions, surtout contre leur intérêt. Elles n'ont donc point conclu de la loi du 1er mai un remboursement prochain. Il y a quelque chose de bien plus fort: elles n'ont pas même fait attention à cette loi dont on veut se prévaloir contre les rentiers. Quant à quelques individus qui se sont crus plus habiles, ils n'y ont vu qu'un ministre fort avisé qui, voulant faire valoir son *trois pour cent* et son milliard en faveur des émigrés, avait dépouillé la rente dite *cinq pour cent* de tout amortissement, pour enrichir sans partage, de l'énorme somme de quatre-vingts millions, son trois pour cent, dont on vit en effet la valeur vénale monter à vue d'œil à chaque bourse.

Mais quelle est donc cette disposition de la loi du 1er mai, et qu'est-ce que la loi en elle-même ? Je rétorque ici les conséquences que prétend tirer M. le rapporteur de la citation qu'il fait d'un passage du discours que prononça Cambon à la Convention nationale, en proposant la création du grand livre de la dette publique et la formule des nouveaux titres des créanciers.

«En ne faisant pas mention du capital, disait Cambon, la nation aura toujours dans sa main le *taux du crédit public;* un débiteur en rente perpétuelle ayant toujours le droit de se libérer, si une inscription de 50 fr. ne se vendait sur la place que 800 fr., la nation pourrait offrir le remboursement de 50 fr. d'inscription au grand livre sur le pied du denier 18 ou moyennant 900 fr.; dès ce moment le crédit public monterait au chiffre de ce cours, et la nation gagnerait un *dixième* sans *injustice* en se libérant, puisque le créancier serait le maître de garder sa rente ou de recevoir son remboursement, au lieu que SI ON INSCRIVAIT LE CAPITAL, cette opération devient IMPOSSIBLE ou aurait l'air d'une BANQUEROUTE partielle. »

L'air est une expression modeste; ce serait bien dans ce cas, comme ce sera toujours, une banqueroute caractérisée, et même quelque chose de pis; ce serait une spoliation violente.

On n'avait alors que des idées bien confuses sur la nature des fonds publics; on ignorait absolument la place qu'ils pouvaient occuper dans l'ordre économique. Cambon lui-même, homme d'ailleurs fort appliqué et très-laborieux, n'avait pas la pratique du crédit public; il n'en avait que le sentiment. Ancien négociant, il connaissait tout le respect qu'un débiteur doit à ses engagements. Il savait qu'en inscrivant un capital nominal sur le titre de la rente, tout rachat au-dessous de ce titre était *impossible*, c'est l'expression dont il se sert. D'après le même principe, du moment que le gouvernement a suivi une marche contraire, il a par le fait anéanti l'énoncé du capital nominal et les conséquences qu'on en voudrait tirer, énoncé dont il n'est nullement question dans la loi, considéré sous le rapport d'un remboursement. Voyez ensuite dans cette citation quels ménagements pour le créancier; il ne croit l'opération légitime que parce que le porteur de la rente est le maître de la vendre ou de la garder. Il suppose le rachat fait à raison de dix pour cent au-dessus du prix courant. Il donne 900 fr. de ce qui ne vaut à l'instant que 800 fr. Il y a loin de ces procédés à arracher des mains du créancier son titre pour le lui rendre dénaturé et détérioré.

La loi du 1er mai, qui dit que le gouvernement ne rachètera pas au-dessus du pair, est une loi qu'aucune puissance sur la terre n'avait le droit de rendre, lorsque le gouvernement avait fait acheter au-dessous.

Dans cette position, quel argument reste-t-il en faveur de ce remboursement si préconisé, ou mieux de ce retranchement qui est le véritable but du projet? Je n'en vois aucun, sinon la loi suprême à laquelle tout est soumis dans ce monde, la nécessité; mais il serait indispensable de démontrer cette nécessité, que dans ce cas je formulerais ainsi :

« Attendu que le taux élevé de la rente ne permettant pas la libération, même partielle, de l'Etat, d'une manière aussi prompte que l'exigent l'intérêt public, les besoins du trésor et la prévoyance de l'avenir, il est indispensable d'avoir recours à un moyen aussi tolérable que possible de l'accélérer. En conséquence, on propose un retranchement de pour cent, sur les intérêts. »

Il faut que la loi s'exprime franchement, et rejette les prétendus remboursements qui ne sont que des tours de passe-passe, ou qu'au moins ils ne fussent présentés que comme facultatifs.

Il faudrait ensuite éviter les deux inconvénients les plus graves d'une pareille mesure, c'est-à-dire ne pas porter atteinte à la jouissance du propriétaire actuel, en lui arrachant son titre des mains, et ne troubler que le moins possible les rapports du consommateur avec le producteur. On y parviendrait en plaçant l'opération au moment où une mutation a lieu, soit par vente, soit par décès. Alors le vendeur saurait quel est l'état des choses au moment où il vend, et l'acheteur à quelles conditions il achète. Dans cette violation de tous les principes, la loi n'a d'effet rétroactif que le moins possible; personne n'est ni surpris ni violenté. L'opération ne produit aucune secousse, elle n'est nullement dispendieuse et ne cause aucun embarras : les effets en seraient beaucoup plus prompts qu'on ne le pensera d'abord. Dans tous les cas, ils seraient presque insensibles, ce qui serait déjà un grand bien dans une circonstance désastreuse.

Il faudrait déclarer que le gouvernement ne remboursera désormais que directement et par masse, etc.

Je n'approuve certes pas la mesure, quelque forme qu'on lui donne, et je ne crois pas qu'on puisse la soutenir par quelque raison fondée, même en apparence, ni par aucun argument, quelque spécieux qu'il soit; à cet égard, et j'en conviens, on peut n'être pas de mon avis.

En supposant qu'on n'adoptât pas la mesure, où prendra-t-on, diront ses partisans, les dix, quinze ou vingt millions qui *pourront* faire déficit? car, chose remarquable, il ne s'agit que d'un déficit en espérance ou en expectative. Voilà, en vérité, quelque chose de bien difficile dans un pays où l'on perçoit sans obstacle un milliard d'impôts. Et puis les vingt, quinze ou dix millions, on ne les aura pas cette année par le remboursement ou retranchement; il faudra cependant pourvoir aux besoins du service, et on y pourvoira. Il en serait de même pour les années suivantes; la plus légère augmentation dans les consommations pourrait donner au delà de cette somme. Pour moi, je ne conçois pas que le génie d'un ministre des finances puisse jamais être embarrassé d'un déficit de dix à quinze millions.

Ici se présentent bien d'autres questions, et des questions très-sérieuses. Je m'arrête à une ou deux seulement.

M. le rapporteur, tout en s'applaudissant de l'heureuse idée du remboursement, craint cependant le *déclassement* de la rente, et il trouve dans cette crainte un motif de ménager les rentiers, en adoucissant les *rigueurs de la mesure.*

Le déclassement serait donc un mal? La mesure a donc des rigueurs? Quel texte si je pouvais m'y arrêter! Je me contente de demander en quoi les rentiers ont mérité ces rigueurs.

Si l'on ne savait que le remboursement n'est pas sincère, qu'il n'est au fond qu'un leurre, et que c'est à un retranchement qu'on veut parvenir, cette prévoyance de M. le rapporteur nous l'apprendrait.

J'admets toutefois qu'au moyen de ces adoucissements, le grand nombre se résigne; et le grand nombre se résignera parce qu'il ne pourra faire autrement, ce que les auteurs de la mesure savent bien, et cela, malgré les déplaisirs du moment et les risques de l'avenir. Dans ce cas, et ceci mérite une grande attention, si vous ne *déclassez* pas la rente, vous faites quelque chose de bien plus mauvais, vous la *dénaturez*. Vous lui ôtez le caractère inaltérable de propriété. (Je ne parle ici que du cinq pour cent; le quatre, le quatre et demi, le trois ne sont que des accessoires et des objets de spéculation et de tripotage.) Vous ôtez, dis-je, à la rente ce caractère qui en a fait la base du crédit et l'élément le plus puissant de circulation, parce qu'elle concourt avec toutes les richesses de l'Etat dont elle est une partie essentielle, à la production de toutes choses, comme à leur consommation. Ce bouleversement une fois opéré, on ne sait plus ce que c'est; l'inscription n'est plus qu'un morceau de papier qui vaut quelque chose ou qui ne vaut rien, au gré du débiteur. Ce n'est plus, comme ses accessoires, qu'un élément d'agiotage.

M. le rapporteur dit qu'on représente notre rente comme *trop compacte*, comme formant une masse sur laquelle il est difficile d'agir; or, c'est précisément par là qu'elle se recommande à la confiance publique; c'est à raison de cette consistance qu'elle indemnise amplement la société des sacrifices qu'elle paraît lui coûter. Loin de livrer la rente dite cinq pour cent aux calculs et à l'avidité des spéculateurs, il faudrait par des procédés insensibles ramener les autres parties de la dette publique, trois, quatre, quatre et demi pour cent, au même système.

En effet, pour le dire en passant, concevra-t-on jamais qu'un gouvernement, autour duquel on parle sans cesse économie en criant misère, ait pu faire acheter sur la place, pendant dix ans, des trois pour cent à vingt et trente pour cent plus cher que ne lui auraient coûté des cinq, le capital de cette rente porté même à dix pour cent au-dessus de ce qu'on appelle le pair ? Ce serait une chose curieuse que de voir à quelle somme monte cette différence.

On ne se contente pas de prouver qu'en droit l'opération est légitime, on appelle encore à son secours l'autorité des exemples, et on cite l'Angleterre. Quand, dans un pays de spéculation et de jeu, on a pu porter le capital de la dette publique à vingt-huit milliards, il est permis, pour s'en débarrasser, d'employer toutes sortes de moyens. L'habileté consiste à choisir les moins mauvais.

Mais en France, quoi qu'on en dise, la dette est dans des termes modérés, et, qui plus est, convenables. Tout le savoir-faire des Anglais doit être repoussé comme une mauvaise pensée ; il ne faut, dans ce genre d'affaires, que de la sincérité, de la bonne foi, et une grande fidélité à remplir ses engagements.

L'on s'éloignera d'autant plus de toutes ces idées de conversion, de remboursement, que l'on comprendra mieux que les fonds publics sont un élément nécessaire dans notre état social actuel, soit comme ressource, soit comme moyen de circulation ; que la rente est une partie importante de la richesse publique, qu'elle fait corps avec toutes les autres propriétés ; que le capital est, comme toutes les accumulations de richesses, le fruit de l'économie et du travail en même temps qu'il provoque l'économie et soutient le travail.

Du moment que les fonds publics sont un élément nécessaire de notre état social, le gouvernement doit les administrer, non au gré de telle ou telle circonstance, de telle ou telle opinion, mais d'après des règles aussi invariables que celles auxquelles il est soumis dans ses rapports avec tous les genres de propriété.

Les fonds publics doivent former dans l'Etat une grande institution, dirigée par les hommes les plus habiles, à raison de l'influence que leur cours exerce sur toutes les valeurs....

Les règles principales qui doivent présider à leur gestion sont de n'emprunter que pour des cas extraordinaires, imprévus et impérieux, aux conditions les plus avantageuses. Quand la rente est à un prix élevé et que son crédit est solidement établi, c'est là qu'en cas d'emprunt nouveau, se trouvent les véritables bénéfices auxquels doit et peut prétendre un gouvernement sage et prévoyant. L'emploi de ces fonds doit être ménagé avec d'autant plus de soin qu'ils sont un moyen de puissance, de sécurité et même de salut dans les cas extrêmes, ainsi que nous l'avons vu en 1815. Mais, je le répète, on ne doit emprunter qu'avec la plus grande réserve; car, si l'on veut emprunter à propos de tout, il faudra faire des banqueroutes à tout propos, cela va sans dire; ce n'est pas ainsi que les choses doivent se passer sous une administration régulière et éclairée, qui dirige les affaires d'une main ferme et habile. Rien n'y sera donné au hasard des fantaisies du moment, à l'entraînement d'un enthousiasme irréfléchi, et encore moins aux calculs d'une misérable popularité.

Mais pour obtenir ces avantages, prévenir les inconvénients et marcher sûrement, il faut un système bien conçu et rigoureusement suivi.

Or, quel sera ce système? adoptera-t-on le remboursement par la voie de l'amortissement, comme on l'a fait jusqu'ici, mais exempt des modifications qui supposent une arrière-pensée et multiplient des spéculations qui sont plutôt nuisibles qu'utiles? Donnera-t-on la préférence à un remboursement au pair par séries et par époques, soit que les époques soient fixées par la loi de création, soit qu'elles soient déterminées au fur et à mesure des moyens de remboursement, par des lois à intervenir? Car il est bien impossible, comme tout le démontre, de faire concourir les deux modes, puisqu'ils sont dans une opposition complète dans leurs effets et leurs procédés; que l'un n'est qu'une fiction amenant après lui une banqueroute.

Avec le remboursement par séries et par époques la rente ne rendrait pas les mêmes services, et ce mode présenterait, dans son exécution, de nombreuses difficultés.

On pourrait faire un gros livre sur les avantages et les désavantages de chacun de ces deux modes. En attendant qu'il soit fait, je ne crains pas d'avancer que l'amortissement par le rachat successif est le seul mode de remboursement convenable pour des fonds publics. M. le rapporteur et la commission paraissent n'être pas de cet avis.

En adoptant la subtile proposition de la réduction des rentes telle qu'elle est faite, on tranche du même coup toutes les hautes questions qui touchent à la propriété et au crédit public, questions qui se rattachent à tous les intérêts dans nos sociétés modernes.

On décide que le titre des rentiers est toujours à la merci de l'emprunteur, c'est-à-dire du plus fort, puisqu'il ne constitue plus une propriété réelle, inattaquable; on décide que les fonds publics seront livrés à toutes les chances d'un jeu sans limites, puisqu'ils seront toujours livrés à l'arbitraire d'un pouvoir qui obéit à toutes les exigences de sa position; on décide que les emprunts se feront au hasard et sous l'empire de toutes les chances de perte que court un gouvernement qui ne se soumet à aucune règle, ainsi qu'il est arrivé à plusieurs notables époques.

Mettez en regard de ce tableau un crédit assis sur des bases solides, parce qu'il ne sépare jamais les intérêts de l'Etat de la sécurité des prêteurs, et choisissez.

APPENDICE.

(Extrait d'un article qui, lors de la proposition, ne put trouver place dans un journal.)

Jusqu'ici, lorsqu'un gouvernement se résignait à la banqueroute, c'est que réellement il ne pouvait pas payer; on n'en savait pas davantage en administration financière. Il y a bien des débiteurs qui s'acquitteraient de cette façon s'ils étaient assez forts pour faire prévaloir leur résolution.

Aujourd'hui, nous sommes beaucoup plus sages et plus prévoyants. L'ex-ministre redevenu simple député, et en cela le ministre se confond avec le député, dit que nous pouvons payer, que les recettes offriront même un *boni* sur les dépenses; mais qu'il voit le moment où l'on ne pourra faire face à des dépenses imprévues et pourtant inévitables; en conséquence, il propose comme une ressource également facile et légitime, d'enlever aux rentiers le cinquième de leur propriété en intérêt et capital.

Selon l'ex-ministre, il a fallu, en 1833, 167 millions de ressources extraordinaires; en 1834, 58 millions; en 1835, 21 millions; mais 1837 présente un *boni* de deux millions : et c'est en face d'un tel état de choses qu'on vient proposer d'enlever à une masse d'individus, en manquant à la foi publique, le cinquième d'une propriété légitimement acquise! Si 1837 eût exigé une ressource de 167 millions comme en 1833, alors on concevrait l'embarras qu'aurait éprouvé le ministre; et ses propositions, quelque étranges qu'elles fussent, y trouveraient peut-être une excuse. Mais à la suite d'une amélioration en quelque sorte prodigieuse, proposer une banqueroute!!!....

Il est vrai que le ministre prévoyait une augmentation de dépenses qu'il regardait comme inévitable. Dans ce cas, lui fait-on dire, il y aurait injustice à recourir à de nouveaux impôts ou à des emprunts pour ménager des capitalistes et des rentiers, qui, dans les mauvais jours, ont imposé des charges pesantes à l'Etat; n'est-il pas juste dans des temps meilleurs de prendre sur la réduction des rentes ce qu'on ne pourrait sans danger demander à l'impôt, déjà si onéreux pour les contribuables? On ajoute de nouveaux développements à cette observation pour lui donner plus de force.

C'est-à-dire que quand l'Etat, dans les jours de détresse, a eu recours à des capitalistes et à des rentiers pour sortir de peine, il a le droit de renier ses dettes si les temps deviennent meilleurs. Dans quels principes de morale ou de crédit le ministre a-t-il puisé de semblables doctrines?

L'ex-ministre craint de s'adresser à trente millions de contribuables pour un supplément d'impôt, mais il voit justice et sûreté à s'en prendre à quelques milliers de rentiers, en s'emparant tout à la fois de leur capital et de leur revenu.

PARIS, IMPRIMERIE DE DECOURCHANT,
Rue d'Erfurth, n° 1, près de l'Abbaye.

www.ingramcontent.com/pod-product-compliance
Ingram Content Group UK Ltd.
Pitfield, Milton Keynes, MK11 3LW, UK
UKHW020514230726
13925UKWH00005B/2158

9 782014 057553